Die Psychotricks der Schachprofis

Widmung

Dieses Buch widme ich meinen Eltern Maria und Volker Kubik. Sie mussten viele „Psychotricks" anwenden, um Ihren fünf lebendigen Kindern ein schönes Leben zu ermöglichen.

Gerhard Kubik

Die Psychotricks der Schachprofis

Psychoanalyse der Schach WM 2016

Impressum

Bibliografische Informationen der Deutschen Nationalbibliothek: Die Deutsche Nationalbibliothek verzeichnet diese Publikation in der Deutschen Nationalbibliografie; detaillierte bibliografische Daten sind im Internet über http://dnb.dnb.de abrufbar.

©Copyright 2017, Gerhard Kubik. Alle Rechte vorbehalten. Nachdruck, Weitergabe und sonstige Reproduktionen nur mit Genehmigung des Autors.

Haftungsausschluss: der Inhalt dieser Publikation wurde sorgfältig recherchiert. Aber dennoch haftet der Autor nicht für die Folgen von Irrtümern, mit denen der vorliegende Text behaftet sein könnte. Es wird auch keine Erfolgsgarantie gegeben, da es an Ihnen liegt, ob Sie diese Psychotricks in Ihren Partien richtig einsetzen. Außerdem ist eine Haftung des Autors für Personen-, Sach- oder Vermögensschäden ausgeschlossen.

Foto-Cover:©esbuka-Fotolia.com
Herstellung und Verlag: BoD - Books on Demand, Norderstedt
ISBN: 9783743191051

Vorwort

Vor Beginn der SchachWM 2016 in New York setzte ich bei einer Umfrage auf Facebook auf einen Gewinn von Sergey Karjakin im Tiebreak. Damit war ich allein auf weiter Flur. Magnus Carlsen war für fast alle der klare Favorit.

Von der spielerischen Stärke favorisierte auch ich den regierenden Weltmeister. Doch es gab einen tiefen psychologischen Grund, warum das einstige Wunderkind Sergey Karjakin (er wurde mit 12 Jahren und 211 Tagen der bisher jüngste Großmeister aller Zeiten) eine große Chance hatte, Magnus vom Thron zu stürzen.

Sergey war 12 und hatte das Ziel und den Wunsch, Schachweltmeister zu werden. Sein Plan war, mit 16 Jahren die Schachkrone aufzusetzen. Mit 16 dachte er dann, er könnte es mit 18 Jahren schaffen. Danach erkannte er, dass er sich doch noch um einiges verbessern müsste, um sein Traumziel zu erreichen. Mit diesem Bild vor Augen etablierte er sich als Supergroßmeister in der Elite der besten 10 Spieler auf diesem Planeten.

Und genau dieses Bild von der Schachkrone, welches sich über viele Jahre hinweg tief in sein Unterbewusstsein einprägte, überzeugte mich, auf einen Sieg von Sergey zu setzen. Denn die Geschichten von Sportlern, welche Weltmeister werden, gleichen sich immer wieder. Sie trainierten jahrelang sehr hart und hatten dabei immer nur einen Wunsch und das Bild: der oder die beste auf diesem Planeten zu sein. Deshalb hatte der 26-jährige Sergey jetzt eine reale Chance.

Aus diesem Grund sagte der Herausforderer auch vor Beginn des Titelkampfes sehr selbstbewusst: „Ich will gewinnen und die Schach-Krone nach Russland zurückholen." …. und das traute ich ihm zu.

Während der 12 Turnierpartien und der folgenden vier Schnellschachpartien gab es dann mehrere psychologische Herausforderungen, denen sich die zwei Supergroßmeister stellen mussten. Wie sie damit umgegangen sind und wie wir als Schachspieler jeder Spielstufe von diesen „Psychotricks" profitieren können, erfahren Sie in diesem Buch.

Ich wünsche Ihnen beim Lesen viele „Aha"-Erlebnisse, und dass Sie diese bei Ihren nächsten Schachpartien gekonnt umsetzen können.

Mit schachlichen Grüßen

Gerhard Kubik

Inhaltsverzeichnis

Vorwort
Inhaltsverzeichnis

1. Partie: „Trump-owsky"	9
„Überraschung"	13
2. Partie: „geschlossener Spanier"	15
„Zufriedenheit"	18
3. Partie: „Berliner Mauer"	19
„Kampfgeist"	23
4. Partie: „spanische Würze"	25
„Siegessicherheit"	30
5. Partie: „scharfes Italienisch"	31
„Ärger"	35
6. Partie: „aggressives Spanisch"	37
„Stabilisierung"	40
7. Partie: „Tschebanenko-Slawisch"	41
„Dynamik"	44
8. Partie: „Zuckertorte"	45
„Provokation"	50
9. Partie: „scharfes Spanisch"	51
„Nachsetzen"	55
10. Partie: „zweischneidiges Spanisch"	57
„Zeiteinteilung"	62
11. Partie: „kontrolliertes Spanisch"	63
„Wechsel der Initiative"	66
12. Partie: trockenes Spanisch"	67
„Strategie"	70

Tiebreak
1. Partie: „solides Spanisch" 71
„Zeitkontrolle" 74
2. Partie: „solides Italienisch" 75
„Umgang mit Fehlern" 78
3. Partie: „spanische Initiative" 79
„Coolness" 82
4. Partie: „Sizilanisch" 83
„Wechselspiel" 86

Nachwort
Der Autor
Quellenangabe

1. Partie
„Trump-owsky"

Gutgelaunt erklärte der regierende Schachweltmeister Magnus Carlsen vor dem Match: "Wenn ich meine Chance bekomme, werde ich einfach zuschlagen – bis Sergey umkippt".

Am Freitag, dem 11. November 2016 begann die SchachWM und der Herausforderer Sergey Karjakin musste sich gleich nach dem 2. Zug einer ersten Überraschung stellen. Magnus Carlsen eröffnete mit dem seltenen Trompowsky-Angriff, wo sich nach 1.d4 Sf6 der Läufer auf g5 niedersetzt.

Da Donald Trump gerade zum neuen Präsidenten von Amerika gewählt wurde, witzelten viele Journalisten von der „Trump-owsky"-Eröffnung.

Das ist die Psychologie von Magnus: er geht Hauptvarianten aus dem Weg und begibt sich auf wenig bekannte Nebenwege. Im reinen praktischen Spiel ist er eine Macht und das weiß er sehr wohl.

Karjakin überlegt schon nach dem 6. Zug länger, doch dann lässt er rasch seine Züge folgen. Nach 20 Zügen ist das Spiel vereinfacht und ein Turm und Läufer von Schwarz stehen einem Springer und Turm von Weiß gegenüber. Außerdem je 6 Bauern. Der kleine Vorteil von Weiß liegt in der besseren Bauernstruktur, da der „Trompowsky-Läufer" einen Doppelbauern auf f6 erzeugt hatte. Und es sind diese kleinen Schwächen, wo Magnus seinen Großmeister-Kollegen immer wieder das fürchten lehrt und die vollen Punkte einfährt.

Doch nicht diesmal. Nachdem im 35. Zug auch der Turm getauscht ist, naht das Remis und im 42. Zug wird die Friedenspfeife geraucht.

Für Sergey ein Erfolg, da die erste Partie immer mit psychischer Hochspannung der Spieler verbunden ist und danach der Turnierrhythmus aufgenommen wird. Für Magnus eine Aufwärmpartie, um in Stimmung zu kommen.

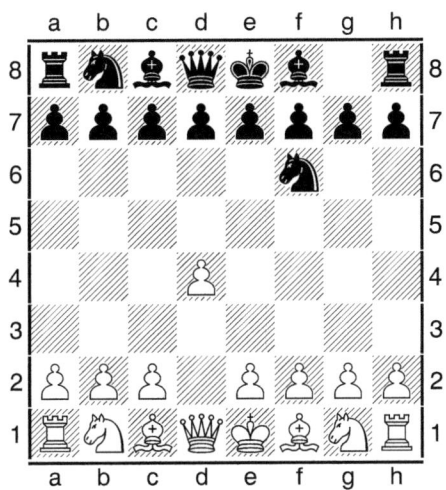

Mit welchem 2. Zug überraschte Magnus seinen Herausforderer?

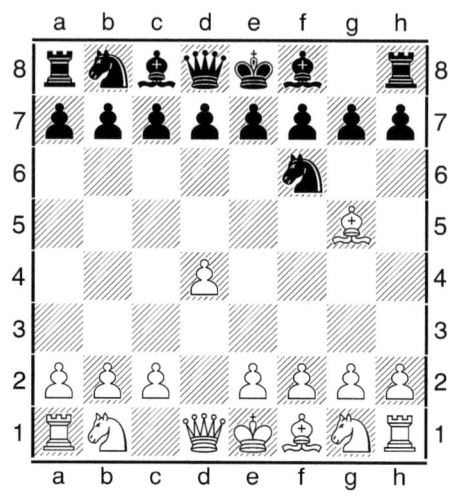

Carlsen,Magnus (2853) − Karjakin,Sergey (2772)
WM − New York (1), 11.11.2016

1.d4 Sf6 2.Lg5 [der Trompowsky−Angriff.]
2...d5 3.e3 c5 4.Lxf6 gxf6 5.dxc5 Sc6 6.Lb5 e6 7.c4 dxc4 8.Sd2 Lxc5 9.Sgf3 0-0 10.0-0 Sa5 11.Tc1 Le7 12.Dc2 Ld7 13.Lxd7 Dxd7 14.Dc3 Dd5 15.Sxc4 Sxc4 16.Dxc4 Dxc4 17.Txc4 Tfc8 18.Tfc1 Txc4 19.Txc4 Td8 20.g3 Td7 21.Kf1 f5 22.Ke2 Lf6 23.b3 Kf8 24.h3 h6 25.Se1 Ke7 26.Sd3 Kd8 27.f4 h5 28.a4 Td5 29.Sc5 b6 30.Sa6 Le7 31.Sb8 a5 32.Sc6+ Ke8 33.Se5 Lc5 34.Tc3 Ke7 35.Td3 Txd3 36.Kxd3 f6 37.Sc6+ Kd6 38.Sd4 Kd5 39.Sb5 Kc6 40.Sd4+ Kd6 41.Sb5+ Kd7 42.Sd4 Kd6
½-½

Psychotrick
Überraschung

Magnus überraschte seinen Gegner in der ersten Partie mit dem „Trompowsky-Angriff". Das ist eine Variante, welche auf Weltklasseniveau sehr selten gespielt wird.

Überraschen auch Sie Ihre Gegner mit einer selten gespielten Variante. Bereiten Sie sich selbst intensiv vor und Sie werden oft verblüfft sein, wie Ihr Gegner ins Grübeln kommt und viel Zeit verbraucht.

2. Partie
„geschlossener Spanier"

Gespannt wartete die Schachwelt auf die erste Partie mit den weißen Steinen vom Herausforderer Sergey Karjakin. Nach den Doppelschritten der Königsbauern hing die berüchtigte defensive „Berliner Mauer" in der Luft. Ein „Schachgenuss" für Zuseher. Doch wieder sorgte Magnus Carlsen für die erste Überraschung. Er zog es vor, einer Hauptvariante im geschlossenen Spanier zuzusteuern.

Der Herausforderer geht scharfen Stellungen aber aus dem Weg und wählt eine ruhige Nebenvariante. Es entwickelt sich ein rein positionelles Spiel. Als es so ausschaut, als ob Karjakin im Vorteil ist, löst dieser plötzlich die Spannung im Zentrum auf und es entsteht eine ausgeglichene symmetrische Stellung.

Karjakin zieht sich danach in den Ruheraum neben dem „Turniersaal" zurück. Carlsen schneidet inzwischen am Brett Grimassen und sucht eine Gewinnmöglichkeit.

Als jedoch der Herausforderer im 25. Zug mit seinem Turm in die gegnerische Stellung eindringt, tauscht Carlsen mit einer gut berechneten Abwicklung alle wichtigen Figuren ab und es entsteht eine remisliche Stellung. Diese wird dann auch im 33. Zug mit einem Dauerschach besiegelt.

Karjakin wirkt bei der Pressekonferenz zufrieden. Viele Fragen sich, wieso? Will er nicht Weltmeister werden oder benötigt er die Anfangspartien zum Aufwärmen? Magnus erklärte hingegen, dass er intensiv nach Gewinnmöglichkeiten gesucht, doch leider nichts gefunden hatte.

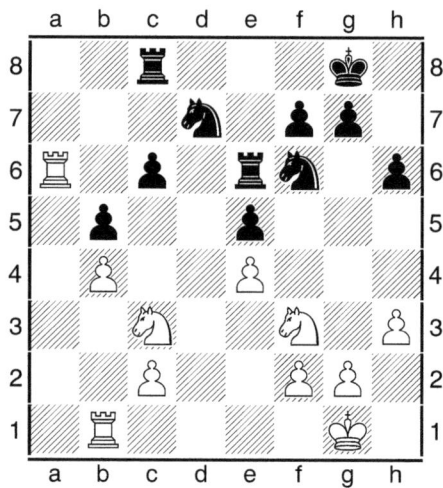

Mit welchem 27. Zug beginnt Schwarz eine genau berechnete Abwicklung, wo mehrere Figuren vom Brett verschwinden?

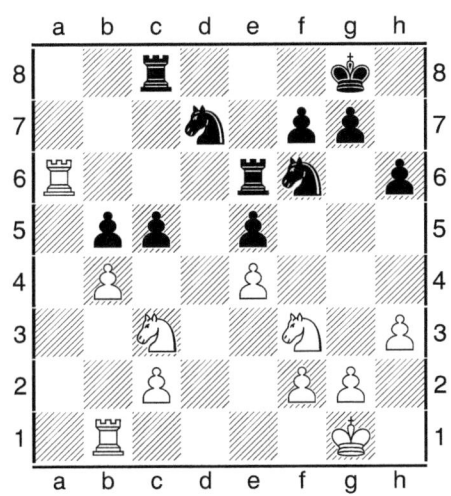

Karjakin,Sergey (2772) − Carlsen,Magnus (2853)
WM New York (2), 12.11.2016

1.e4 e5 2.Sf3 Sc6 3.Lb5 a6 4.La4 Sf6 5.0-0 Le7 6.d3 b5 7.Lb3 d6 8.a3 0-0 9.Sc3 Sa5 10.La2 Le6 11.d4 Lxa2 12.Txa2 Te8 13.Ta1 Sc4 14.Te1 Tc8 15.h3 h6 16.b3 Sb6 17.Lb2 Lf8 18.dxe5 dxe5 19.a4 c6 20.Dxd8 Txcd8 21.axb5 axb5 22.Se2 Lb4 23.Lc3 Lxc3 24.Sxc3 Sbd7 25.Ta6 Tc8 26.b4Te6 27.Tb1 c5 [Nachdem Magnus keine Gewinnmöglichkeiten gefunden hat, beginnt er die Liquidation von mehreren Figuren.]
28.Txe6 fxe6 29.Sxb5 cxb4 30.Txb4 Txc2 31.Sd6 Tc1+ 32.Kh2 Tc2 33.Kg1
½-½

Psychotrick
Zufriedenheit

Sergey Karjakin spielte als Weiß-Spieler sehr vorsichtig. Es hatte den Anschein, als ob er gar nicht gewinnen wollte und mit einem Remis zufrieden ist. Magnus suchte jedoch intensiv nach Möglichkeiten, um zu gewinnen.

Ein zufriedener Spieler ist kein Gewinnspieler. Außerdem passieren leicht Unachtsamkeiten, wenn ich z.B. mit einem Remis zufrieden wäre. Spielen Sie deshalb ein aktives Spiel und lassen Sie das Feuer in sich lodern. Wenn es dann trotzdem Remis wird, haben Sie Ihr Bestes gegeben und dann können Sie auch zufrieden sein.

3. Partie
„Berliner Mauer"

Die defensive „Berliner Mauer" bildet die Grundlage für die 3. Matchpartie. Im 10. Zug liefert Magnus Carlsen mit dem eigenartigen Zug Te2 wieder eine Überraschung. Karjakin begibt sich über 20 Minuten in eine Nachdenkpause und erwidert dann mit einem natürlichen Zug. Carlsen scheint zu provozieren und zieht mit dem nächsten Zug den Turm von e2 auf e1.

Doch schon nach 15 Zügen entsteht eine symmetrische Stellung, welche stark verdächtig nach Remis riecht. Magnus ist jedoch anderer Meinung. Er liebt diese ruhigen Stellungen und drückt nach vorne. Nach 23 Zügen steht Weiß sehr aktiv. Einige Züge später gewinnt Weiß einen Bauern mit klar besserer Stellung. Es scheint der erste Sieg für Magnus zu werden.

Karjakin beweist jetzt aber, dass er einer der besten Verteidigungskünstler weltweit ist. Da Magnus nach der Zeitkontrolle im 40.igsten Zug nicht die zwingendsten Züge findet, scheint das Remis für Sergej wieder näher zu rücken. Doch Carlsens Siegeswille ist ungebrochen. Er sucht die besten Züge, drückt und nach 6 Stunden verkalkuliert sich Karjakin. Er muss seinen Läufer gegen zwei Bauern opfern und der Sieg ist für Magnus wieder in Reichweite.

Mit nur wenigen Minuten Restbedenkzeit zaubert aber Karjakin eine studienartige Rettung aus seinem „Ärmel" und nach 78 Zügen muss Magnus wohl oder übel in ein Remis einwilligen.

Die spannendste Partie bis jetzt. Ein enttäuschter Carlsen konnte den Sack nicht zu machen, und Sergey zeigte erstmalig mit seine exzellenten Verteidigungsmöglichkeiten groß auf.

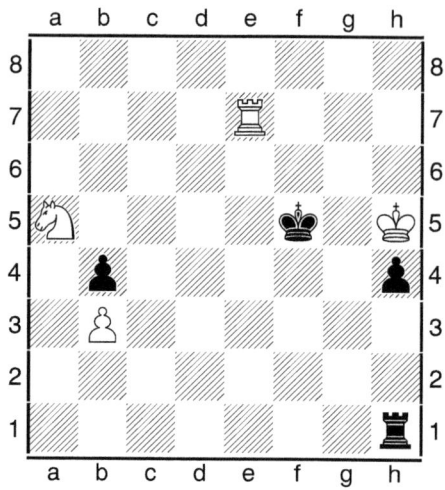

Mit welchem 72. Zug kann Weiß eine Gewinnvariante einleiten?

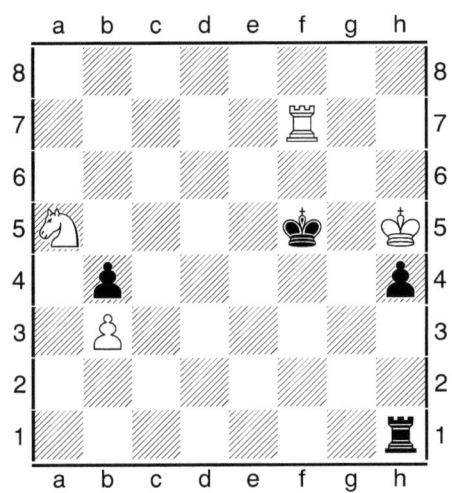

Carlsen,Magnus (2853) − Karjakin,Sergey (2772)
WM New York (3), 14.11.2016

1.e4 e5 2.Sf3 Sc6 3.Lb5 Sf6 4.0-0 Sxe4 5.Te1 Sd6 6.Sxe5 Le7 7.Lf1 Sxe5 8.Txe5 0-0 9.d4 Lf6 10.Te2 b6 11.Te1 Te8 12.Lf4 Txe1 13.Dxe1 De7 14.Sc3 Lb7 15.Dxe7 Lxe7 16.a4 a6 17.g3 g5 18.Lxd6 Lxd6 19.Lg2 Lxg2 20.Kxg2 f5 21.Sd5 Kf7 22.Se3 Kf6 23.Sc4 Lf8 24.Te1 Td8 25.f4 gxf4 26.gxf4 b5 27.axb5 axb5 28.Se3 c6 29.Kf3 Ta8 30.Tg1 Ta2 31.b3 c5 32.Tg8 Kf7 33.Tg2 cxd4 34.Sxf5 d3 35.cxd3 Ta1 36.Sd4 b4 37.Tg5 Tb1 38.Tf5+ Ke8 39.Tb5 Tf1+ 40.Ke4 Te1+ 41.Kf5 Td1 42.Te5+ Kf7 43.Td5 Txd3 44.Txd7+ Ke8 45.Td5 Th3 46.Te5+ Kf7 47.Te2 Lg7 48.Sc6 Th5+ 49.Kg4 Tc5 50.Sd8+ Kg6 51.Se6 h5+ 52.Kf3 Tc3+ 53.Ke4 Lf6 54.Te3 h4 55.h3 Tc1 56.Sf8+ Kf7 57.Sd7 Ke6 58.Sb6 Td1 59.f5+ Kf7 60.Sc4 Td4+ 61.Kf3 Lg5 62.Te4 Td3+ 63.Kg4 Tg3+ 64.Kh5 Le7 65.Se5+ Kf6 66.Sg4+ Kf7 67.Te6

Txh3 68.Se5+ Kg7 69.Txe7+ Kf6 70.Sc6 Kxf5 71.Sa5 Th1 72.Tb7? [Magnus greift fehl.]
[72.Tf7+! Gewinnvariante: 72...Ke6 73.Tf2 h3 74.Kh4 h2 75.Ta2 Kd5 76.Kg3 Kd4 77.Txh2]
72...Ta1 73.Tb5+ Kf4 74.Txb4+ Kg3 75.Tg4+ Kf2 76.Sc4 h3 77.Th4 Kg3 78.Tg4+ Kf2
½-½

Psychotrick
Kampfgeist

Magnus Carlsen stand in dieser Partie mehrmals auf Gewinn, doch Sergey Karjakin verteidigte sich sehr zäh und auch erfolgreich. Mit großem Kampfgeist wollte Magnus die Partie gewinnen, doch mit ebensolchen Kampfgeist fand Sergey mit nur wenigen Restminuten eine studienartige Lösung.

Schach wird auch als „Kampfsport" bezeichnet. Ein Kampf der Geister. Eine Partie ist erst dann verloren, wenn ich sie innerlich aufgegeben habe.

Selbst in besserer Stellung muss unser Gegner erst beweisen, dass er die Partie auch zu einem Gewinn abschließen kann. Wenn ich diesen Kampfgeist aufweise, dann lächelt mir die Schachgöttin Caissa auch oft in schlechten Stellungen zu und schenkt mir einen halben Punkt. Sollte unser Gegner übermütig werden, kann manchmal die Partie sogar umgedreht werden.

4. Partie
„spanische Würze"

In einem geschlossenen Spanier kommt es zu einer scharfen Stellung mit mehreren taktischen Möglichkeiten für den Herausforderer, welcher die weißen Steine führt.

Nach langem Überlegen schlägt Sergey dann im 18. Zug zu und geht auf Königsangriff. Der Weltmeister, welcher gerade ein kleines Nickerchen (oder hatte er meditiert?) im Ruheraum gemacht hatte, ist jedoch unbeeindruckt und findet eine rasche Lösung. Diese ist so gut, dass sich Karjakin sofort zurückziehen muss und er mit starken Felderschwächen zurückbleibt. Carlsen hat den Eröffnungskampf gewonnen und ist klar im Vorteil.

Um ein etwaiges Gegenspiel von Sergey einzudämmen, tauscht Magnus noch die Damen und Sergey bleibt mit einer stark defensiven Stellung zurück. Carlsen verfügt über das Läuferpaar und starken Raumvorteil. Karjakin wird sich nur mehr mit einem „Wunder" retten können.

Doch abschreiben kann man Sergey nach seiner genialen Verteidigungsleistung vom Vortag noch lange nicht.

Nachdem Sergey komplett überspielt ist, begeht Magnus im 45. Zug einen anscheinend unmerklichen Fehler indem er seinen f Bauern nach vorne auf f4 schiebt. Die Kommentatoren bemerken, dass Magnus jetzt wahrscheinlich seinen Sieg verschenkt hat.

Und nach mehr als sieben Stunden stellt Magnus im 94. Zug seine Gewinnbemühungen ein. Sergey konnte eine geniale Festung errichten und wieder ein Remis erzielen.

Magnus war nach dieser Partie frustriert. Wieder konnte er nicht die Verteidigung von Sergey knacken. Karjakin wurde aufgrund seiner Verteidigungskünste von den Kommentatoren schon als neuer Verteidigungsminister von Russland vorgeschlagen.

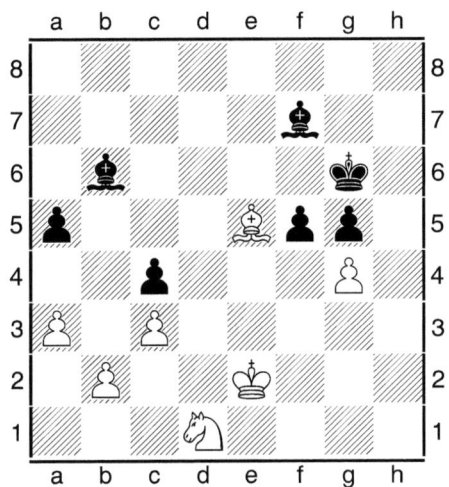

Mit welchem 45. Zug vergab Schwarz seine Siegmöglichkeiten?

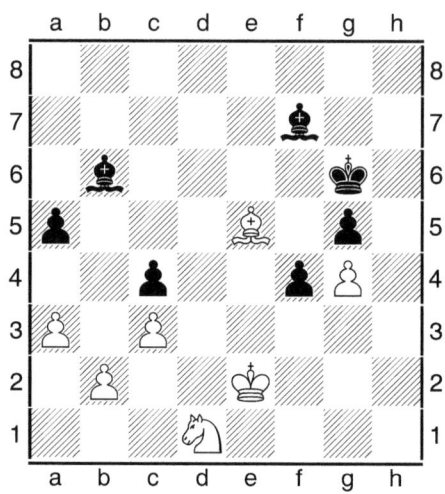

**Karjakin,Sergey (2772) − Carlsen,Magnus (2853)
WM New York (4), 15.11.2016**

1.e4 e5 2.Sf3 Sc6 3.Lb5 a6 4.La4 Sf6 5.0-0 Le7 6.Te1 b5 7.Lb3 0-0 8.h3 Lb7 9.d3 d6 10.a3 Dd7 11.Sbd2 Tfe8 12.c3 Lf8 13.Sf1 h6 14.S3h2 d5 15.Df3 Sa5 16.La2 dxe4 17.dxe4 Sc4 18.Lxh6 Dc6 19.Lxc4 bxc4 20.Le3 Sxe4 21.Sg3 Sd6 22.Tad1 Tab8 23.Lc1 f6 24.Dxc6 Lxc6 25.Sg4 Tb5 26.f3 f5 27.Sf2 Le7 28.f4 Lh4 29.fxe5 Lxg3 30.exd6 Txe1+ 31.Txe1 cxd6 32.Td1 Kf7 33.Td4 Te5 34.Kf1 Td5 35.Txd5 Lxd5 36.Lg5 Kg6 37.h4 Kh5 38.Sh3 Lf7 39.Le7 Lxh4 40.Lxd6 Ld8 41.Ke2 g5 42.Sf2 Kg6 43.g4 Lb6 44.Le5 a5 45.Sd1 f4?! [ein unmerklicher Fehler. Doch die Großmeisterkommentatoren bemerkten hier, dass Magnus jetzt wahrscheinlich seinen Sieg verschenkt hatte. Auch Sergey gab in der Pressekonferenz an, dass dieser Bauernvorstoss seine Remisvarianten erhöhten.]
[45...Le6 46.Sf2 fxg4 47.Lg3 Mit dieser Variante wäre Magnus noch auf Gewinnkurs gewesen.]

46.Ld4 Lc7 47.Sf2 Le6 48.Kf3 Ld5+ 49.Ke2 Lg2 50.Kd2 Kf7
51.Kc2 Ld5 52.Kd2 Ld8 53.Kc2 Ke6 54.Kd2 Kd7 55.Kc2 Kc6
56.Kd2 Kb5 57.Kc1 Ka4 58.Kc2 Lf7 59.Kc1 Lg6 60.Kd2 Kb3
61.Kc1 Ld3 62.Sh3 Ka2 63.Lc5 Le2 64.Sf2 Lf3 65.Kc2 Lc6
66.Ld4 Ld7 67.Lc5 Lc7 68.Ld4 Le6 69.Lc5 f3 70.Le3 Ld7
71.Kc1 Lc8 72.Kc2 Ld7 73.Kc1 Lf4 74.Lxf4 gxf4 75.Kc2 Le6
76.Kc1 Lc8 77.Kc2 Le6 78.Kc1 Kb3 79.Kb1 Ka4 80.Kc2 Kb5
81.Kd2 Kc6 82.Ke1 Kd5 83.Kf1 Ke5 84.Kg1 Kf6 85.Se4+ Kg6
86.Kf2 Lxg4 87.Sd2 Le6 88.Kxf3 Kf5 89.a4 Ld5+ 90.Kf2 Kg4
91.Sf1 Kg5 92.Sd2 Kf5 93.Ke2 Kg4 94.Kf2
½-½

Psychotrick
Siegessicherheit

Magnus hatte eine überlegene Stellung und die Großmeister-Kommentatoren waren von einem Sieg überzeugt. Doch dann passierte dieser unscheinbare 45. Zug, wo der Bauer nach f4 vorgestoßen wurde und Sergey eine Festung errichten konnte. Wieder entschlüpfte Sergey ins Remis.

Wenn wir eine gewonnene Stellung haben und siegessicher sind, sollten wir trotzdem hochkonzentriert weiterspielen und die besten Züge suchen. Gewonnen ist die Partie erst, wenn unser(e) Gegner(in) uns die Hand entgegen streckt und zum Sieg gratuliert.

5. Partie
„scharfes Italienisch"

Als heutige Überraschung in der Eröffnung liefert Magnus die italienische Partie. Wieder spielt der Weltmeister sehr aggressiv. Nach 19 Zügen hat er einen Freibauern auf e5. Doch der Herausforderer kontert auf der offenen f Linie mit einem Angriff auf den Punkt f2.

Nach dem Abtausch seines starken Läufers gegen einen weißen Springer bleibt Karjakin mit leichten Raumnachteilen zurück. Die ungleichfärbigen Läufer versprechen aber einen Ausgleich mit hoher Remiswahrscheinlichkeit. Der Königsmarsch von Sergej vom Königsflügel bis nach c8 zur Deckung des schwachen Bauern b7 ist sehr beeindruckend.

Vor der Zeitkontrolle im 40. Zug verblüfft Magnus mit einer Königsschwächung, indem er den Bauern nach g4 zieht. Sergey lässt sich da nicht lange bitten, öffnet die h Linie und opfert im 42. Zug seinen d-Bauern, um seinen Läufer in Angriffsposition zu bringen.

Die Großmeisterkommentatoren rotieren. Carlsen ist nun in starker Bedrängnis und augenscheinlich in Verlustgefahr. Doch Sergey spielt nicht mit dem letzten Biss, er ist zu ungenau, zu wenig aggressiv. Magnus gibt den geopferten Bauern zurück und rettet sich ins Remis.

Bei der Pressekonferenz zeigte sich der Weltmeister stinksauer und verärgert. Nicht über seinen Gegner, sondern über seine eigene Leistung, welche ihn an den Rand einer Niederlage gebracht hatte. Der Herausforderer wirkte hingegen gelöst und locker, obwohl er den regierenden Champion nicht ausknocken konnte. Wahrscheinlich hatte er aber das Gefühl, ihm ebenbürtig zu sein und sah seine Gewinnchancen steigen.

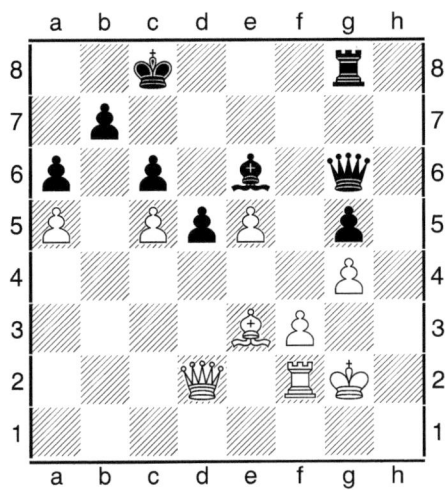

Mit welchem 42. Zug bringt Schwarz seinen Läufer in Angriffsposition?

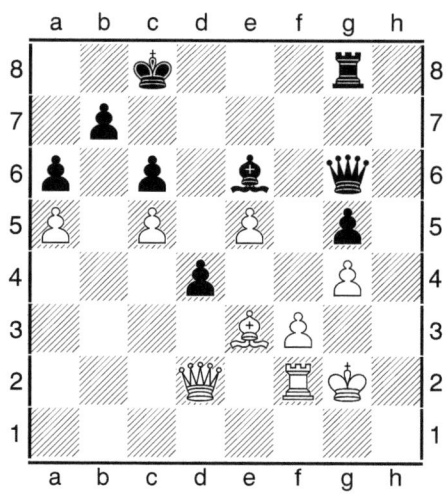

Carlsen,Magnus (2853) − Karjakin,Sergey (2772)
WM New York (5), 17.11.2016

1.e4 e5 2.Sf3 Sc6 3.Lc4 Lc5 4.0-0 Sf6 5.d3 0-0 6.a4 d6 7.c3 a6 8.b4 La7 9.Te1 Se7 10.Sbd2 Sg6 11.d4 c6 12.h3 exd4 13.cxd4 Sxe4 14.Lxf7+ Txf7 15.Sxe4 d5 16.Sc5 h6 17.Ta3 Lf5 18.Se5 Sxe5 19.dxe5 Dh4 20.Tf3 Lxc5 21.bxc5 Te8 22.Tf4 De7 23.Dd4 Tef8 24.Tf3 Le4 25.Txf7 Dxf7 26.f3 Lf5 27.Kh2 Le6 28.Te2 Dg6 29.Le3 Tf7 30.Tf2 Db1 31.Tb2 Df5 32.a5 Kf8 33.Dc3 Ke8 34.Tb4 g5 35.Tb2 Kd8 36.Tf2 Kc8 37.Dd4 Dg6 38.g4 h5 39.Dd2 Tg7 40.Kg3 Tg8 41.Kg2 hxg4 42.hxg4 d4!
[tolles Bauernopfer von Sergey. Jetzt geht auch der Läufer auf Königsjagd.]
43.Dxd4 Ld5 44.e6 Dxe6 45.Kg3 De7 46.Th2 Df7 47.f4 gxf4+ 48.Dxf4 De7 49.Th5 Tf8 50.Th7 Txf4 51.Txe7 Te4
½-½

Psychotrick
Ärger

Nichts ist ärger als Ärger. Wenn Sie in einer Schachpartie einen Fehler machen und sich beginnen zu ärgern, dann haben Sie ein großes Problem. Der Verstand verdunkelt sich und wir können nicht mehr unser höchstes Potential abrufen. Unser Körper verspannt sich und somit auch unser Geist. Die Fehleranfälligkeit steigt.

Magnus hätte dieses Phänomen „Ärger" fast die Partie gekostet. Es hilft nichts, einem Fehler nachzutrauern. Wir müssen lösungsorientiert im Jetzt spielen und uns von der Vergangenheit (dem Fehler) loslösen.

Eine einfache Methode ist hier, aufzustehen und einige Schritte zu gehen. Dabei sich nur auf das Ein- und Ausatmen zu konzentrieren und unseren Körper bewusst wahrzunehmen. Dadurch kann die dunkle Ärgerenergie entweichen und wir spielen wieder unser bestes Schach.

6. Partie
„aggressives Spanisch"

Magnus ist heute wieder voll auf Sieg eingestellt. Zumindest sieht es so in der Eröffnung aus, wo er angriffslustig als Schwarzer einen Bauern für aktives Figurenspiel opfert.

Sergey scheint zuerst überrascht zu sein, doch dann neutralisiert er mit kurzer Bedenkzeit die schwarzen Aktivitäten. Er gibt den Bauern zurück und lässt sämtliche aggressiven Energien zusammenschmelzen.

Schon nach 32 Zügen entsteht eine symetrische Bauernstellung mit Damen und je einen ungleichfarbigen Läufer. Die Folge ist zum sechsten Male ein Remisschluss.

Bei der Pressekonferenz scheinen beide Kontrahenten mit dem Ergebnis zufrieden. Karjakin ist zu Scherzen aufgelegt und der regierende Champion ist psychisch wieder belastbarer, da er im Vergleich zur 5. Partie heute ja wieder gutes Schach gespielt hat.

Nach sechs Remis ist auch die Frage eines kleinen Mädchens sehr berechtigt – wann sie denn mit einem ersten Sieg in diesem Match rechnen würden. Allgemeine Erheiterung folgte, eine konkrete Antwort wurde jedoch noch nicht gegeben.

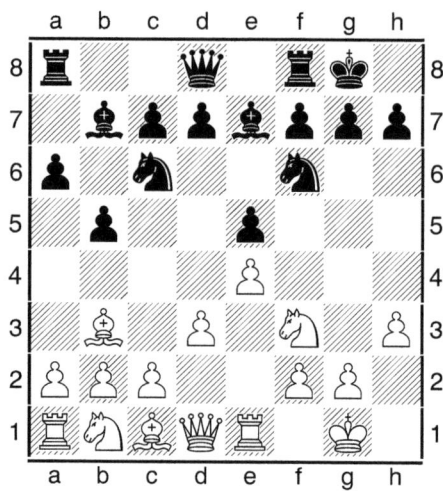

Mit welchem aggressiven Bauernzug spielt Schwarz im 9. Zug auf Angriff?

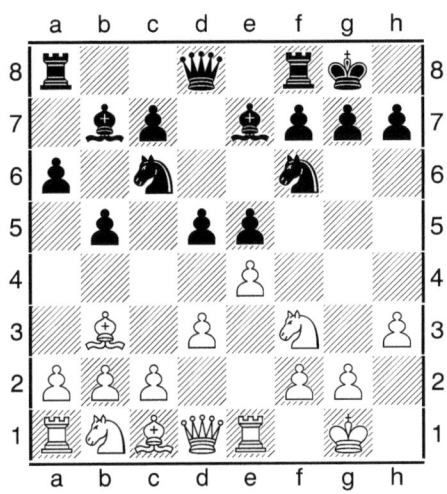

Karjakin,Sergey (2772) − Carlsen,Magnus (2853)
WM New York (6), 18.11.2016

1.e4 e5 2.Sf3 Sc6 3.Lb5 a6 4.La4 Sf6 5.0-0 Le7 6.Te1 b5 7.Lb3 0-0 8.h3 Lb7 9.d3 d5 [Bauernopfer für die Initiative.]
10.exd5 Sxd5 11.Sxe5 Sd4 12.Sc3 Sb4 13.Lf4 Sxb3 14.axb3 c5 15.Se4 f6 16.Sf3 f5 17.Seg5 Lxg5 18.Sxg5 h6 19.Se6 Dd5 20.f3 Tfe8 21.Te5 Dd6 22.c3 Txe6 23.Txe6 Dxe6 24.cxb4 cxb4 25.Tc1 Tc8 26.Txc8+ Dxc8 27.De1 Dd7 28.Kh2 a5 29.De3 Ld5 30.Db6 Lxb3 31.Dxa5 Dxd3 32.Dxb4 Le6
½-½

Psychotrick
Stabilisierung

In der 5. Runde ist Magnus seinem Gegner gerade noch von der Kippe gesprungen. Deshalb hat es seiner Psyche ganz gut getan, eine normale Partie zu platzieren, ohne in Schwierigkeiten zu gelangen.

Wenn wir eine Turnierpartie durch einen groben Fehler vergeigen (oder dadurch vielleicht nur Remis machen), ist es sehr gut, in der folgenden Partie nicht zu viel zu riskieren. Durch ein harmonisches Spiel gewinnen wir neue psychische Kräfte, und können dann wieder befreit aufspielen.

7. Partie
„Tschebanenko-Slawisch"

Die zweite Turnierhälfte beginnt. Wie in der 6. Runde startet der Herausforderer auch diesmal mit den weißen Steinen. Karjakin will heute mal etwas ganz anderes spielen und eröffnet mit dem Damenbauern. Schon bald ist die Tschebanenko-Variante am Tisch, welche mit dem seltsam anmutenden 4. Zug a6 von Schwarz bei den Profis ein hohes Ansehen genießt.

Carlsen weicht – war auch nicht anders zu erwarten – schon bald in eine Nebenvariante aus und Karjakin beginnt zu grübeln. Im 11. Zug macht Sergey einen merkwürdigen passiven Springerrückzug und die schwarze Stellung schaut danach schon etwas besser aus. Die aggressive Fortsetzung des Computers im 15. Zug ist für Magnus kein Thema. Er zieht einen ruhigen Tag vor.

Danach passiert etwas Eigenartiges, welches man von Magnus, dem Großen, normalerweise nicht gewohnt ist. Er stellt im 16. Zug einen Bauern ein. Nach einem Generalabtausch bleiben jedoch, Turm und ungleiche Läufer sowie sechs bzw. fünf Bauern übrig. Nach nur zwei Stunden Spielzeit gibt dann Karjakin seine Gewinnbemühungen auf und das siebente Remis ist für die Geschichtsbücher verewigt.

Die Zuschauer sind enttäuscht und auch die Spieler wissen, dass sie heute keine Begeisterungsstürme ausgelöst haben. Magnus meinte, dass seine beiden Schwarzpartien nach Plan verlaufen sind und er sich schon sehr auf seine nächste Weißpartie freue.

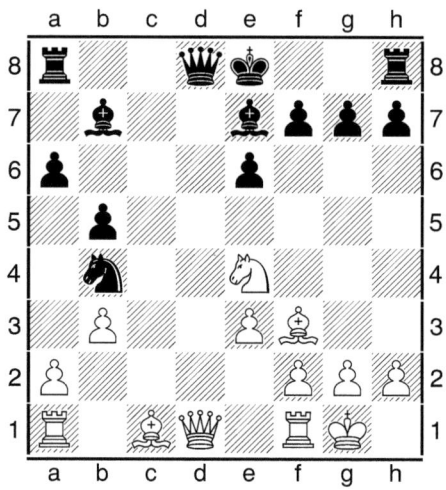

Mit welchem 15. Zug hätte Schwarz initiativ werden können?

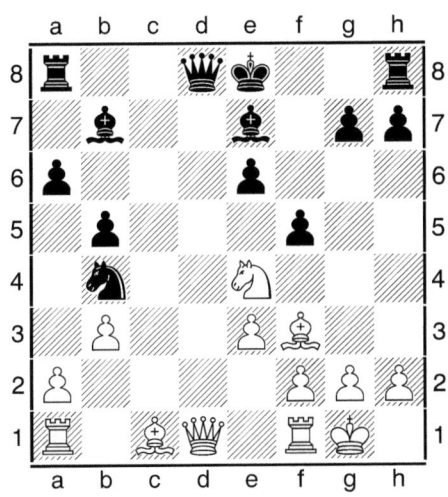

Karjakin,Sergey (2772) − Carlsen,Magnus (2853)
WM New York (7), 20.11.2016

1.d4 d5 2.c4 c6 3.Sc3 Sf6 4.e3 a6 5.Ld3 dxc4 6.Lxc4 e6 7.Sf3 c5 8.0-0 b5 9.Le2 Lb7 10.dxc5 Sc6 11.Sd2 Lxc5 12.Sde4 Sxe4 13.Sxe4 Le7 14.b3 Sb4 15.Lf3 0-0 [15...f5!? 16.Sg5 Dxd1 17.Txd1 Lxf3 18.Sxf3 Lf6 Schwarz hat aktives Spiel und steht leicht besser.]
16.La3 Tc8 17.Sf6+ Lxf6 18.Lxb7 Lxa1 19.Lxb4 Lf6 20.Lxf8 Dxd1 21.Txd1 Txf8 22.Lxa6 b4 23.Tc1 g6 24.Tc2 Ta8 25.Ld3 Td8 26.Le2 Kf8 27.Kf1 Ta8 28.Lc4 Tc8 29.Ke2 Ke7 30.f4 h6 31.Kf3 Tc7 32.g4 g5 33.Ke4 Tc8
½-½

Psychotrick
Dynamik

Im 15. Zug hätte Magnus den aggressiven Bauernzug f5 mit besseren Chancen für Schwarz spielen können. Er machte jedoch einen sanften Zug und legte rasch einen fragwürdigen Zug mit Bauernverlust nach. Magnus fühlte sich in seiner Stellung sicher, überlegte nicht viel und schon hatte er einen Bauer weniger.

In Stellungen, bei denen wir an ein normales strategisches Vorgehen denken, sind oft dynamische Möglichkeiten enthalten. Möglichkeiten, welche die größtmöglichen Probleme beim Gegner verursachen können. Wenn wir jedoch nicht wachsam sind und diese Dynamik außer Acht lassen, können wir schnell ins Hintertreffen gelangen.

8. Partie
„Zuckertorte"

Magnus kommt einige Minuten vor Partiebeginn und setzt sich gut gelaunt zur Seite mit den weißen Steinen. Er lacht und freut sich anscheinend sehr auf diese Partie. Sergey kommt nur wenige Sekunden vor Spielbeginn. Ein kurzer Handshake und das Spiel beginnt.

Wieder ist es der Damenbauer, welcher mit zwei Schritten das Spiel eröffnen darf. Trompowsky ist diesmal out, stattdessen gibt es eine ruhige Variante, welche nach einem Herrn Zuckertort benannt ist. Dieser spielte vor 130 Jahren gegen Wilhelm Steinitz um den Weltmeistertitel. Unter anderem spielten sie auch in New York.

Es sieht zuerst nach einer harmlosen Stellung aus, und mittels feiner Manöver werden die Figuren in die optimale Stellung gebracht. Plötzlich, durch einen Springerausfall von Karjakin, bekommt die Stellung einen aggressiven Charakter. Wird Sergey jetzt auf Angriff setzen?

Doch irgendwie fehlt ihm etwas die Schneid und es kommt zu einem Abtausch von mehreren Figuren. Also doch wieder Remis?

Nein, diesmal nicht. Magnus beginnt zu provozieren. Er lässt eine schwächelnde Bauernstruktur zu, um voll auf Angriff zu spielen.

Obwohl die Stellung noch immer nach Remis riecht, kommt der wichtige Aspekt „Zeit" jetzt voll zum Tragen. Beiden Spieler rinnt sie davon. Mit je 5 Minuten sind in einer komplizierten Stellung noch ca. 10 Züge durchzuführen.

Und Magnus, welcher auch einer der besten „Blitzer" weltweit ist, riskiert noch mehr…. Er opfert einen Bauern, um seine Angriffschancen zu erhöhen. Sergey greift zu und Magnus opfert noch einen Bauern für nur ein Ziel: den gegnerischen König matt zu setzen.

Die Computer zeigen inzwischen bereits auf, dass Magnus ein wenig übertrieben hat. Bei korrektem Spiel sollte Sergey den vollen Punkt einfahren.

Doch in einer Zeitnotphase greifen auch die besten Spieler manchmal daneben. Sergey macht einen falschen Damenzug und Magnus nützt sofort seine Chance, um die Königsstellung seines Gegners freizulegen.

Nachdem das Zeitnotpulver verraucht ist, sehen wir, dass Sergey einen gefährlichen Freibauern auf der a-Linie hat, Magnus hingegen steht optimal, um den schwarzen König zu jagen.

Remis durch Dauerschach? Nein, Magnus hat es satt, Remis zu spielen. Heute soll der volle Punkt her. Koste es, was es wolle…. und er überzieht. Sergey wehrt den Angriff ab und bringt seinen a-Bauern bis nach a2. Gleichzeitig kommt der weiße König in eine prekäre Lage.

Magnus hat genug, eine tiefe Enttäuschung zeigt sich in seinem Gesicht. Er gratuliert seinem Gegner.

Bei der Pressekonferenz kommt es dann zu einem Eklat. Beide Spieler sind laut Ausrichter der WM verpflichtet, sich nach einer Partie den Fragen der Presse zu stellen. Sollten sie das nicht einhalten, dann ist mit einer schmerzlichen Geldstrafe zu rechnen.

Magnus sitzt als erster am Podium und wartet auf Sergey. Dieser lässt sich jedoch Zeit, da er auf dem Weg zur Pressekonferenz noch einige

Fragen von Reportern beantwortet. Da wird es Magnus zu viel, er macht eine abfällige Handbewegung und entfernt sich für diesen Tag auf nimmer wiedersehen. Selbst sein Manager Adgestein, welcher ihm nacheilt, kann ihn nicht zu einer Umkehr bewegen.

Kurz darauf erscheint der gut gelaunte Sergey und beantwortet in Feiertagslaune alle Fragen der Journalisten.

Magnus hat diesmal hoch gepokert, ist allen Remisvarianten ausgewichen und wollte mit der Brechstange gewinnen. Das war zu viel des Guten und Sergey konnte ihn am Ende mit einem fantastischen Endspiel auskontern.

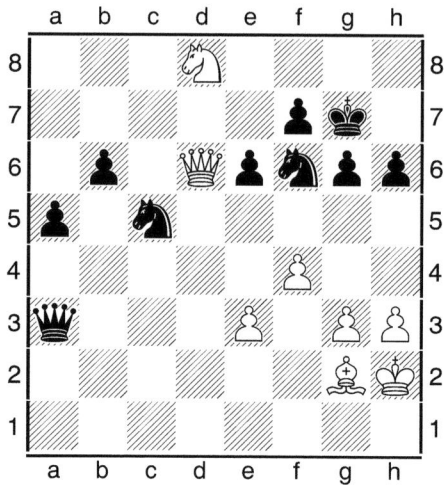

Mit welchem 37. Zug wäre Schwarz bereits auf Gewinn gestanden?

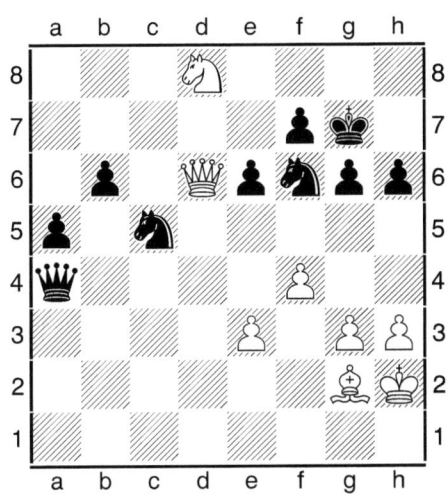

Carlsen,Magnus (2853) – Karjakin,Sergey (2772) [E14]
WM New York (8), 21.11.2016

1.d4 Sf6 2.Sf3 d5 3.e3 e6 4.Ld3 c5 5.b3 Le7 6.0-0 0-0 7.Lb2 b6 8.dxc5 Lxc5 9.Sbd2 Lb7 10.De2 Sbd7 11.c4 dxc4 12.Sxc4 De7 13.a3 a5 14.Sd4 Tfd8 15.Tfd1 Tac8 16.Tac1 Sf8 17.De1 Sg6 18.Lf1 Sg4 19.Sb5 Lc6 20.a4 Ld5 21.Ld4 Lxc4 22.Txc4 Lxd4 23.Tdxd4 Txc4 24.bxc4 Sf6 25.Dd2 Tb8 26.g3 Se5 27.Lg2 h6 28.f4 Sed7 29.Sa7 Da3 30.Sc6 Tf8 31.h3 Sc5 32.Kh2 Sxa4 33.Td8 g6 34.Dd4 Kg7 35.c5 Txd8 36.Sxd8 Sxc5 37.Dd6 Dd3? [37...Da4! 38.Dxb6 Scd7-+ Schwarz steht auf Gewinn.]
38.Sxe6+ fxe6 39.De7+ Kg8 40.Dxf6 a4 41.e4 Dd7 42.Dxg6+ Dg7 43.De8+ Df8 44.Dc6 Dd8 45.f5 a3 46.fxe6 Kg7 47.e7 Dxe7 48.Dxb6 Sd3 49.Da5 Dc5 50.Da6 Se5 51.De6 h5 52.h4 a2
0-1

Psychotrick
Provokation

Magnus ging heute mit einem unbändigen Siegeswillen ans Werk. Er sprühte vor Energie und provozierte mit mehreren Zügen seinen Gegner. Er war anscheinend der Meinung, dass nur einer hier am Brett gewinnen könne, egal, was er machen würde. Dieser Schuss ging aber nach hinten los. Dass seine Provokation nach der Partie eine Fortsetzung bei der Pressekonferenz folgte, war nicht wirklich eine Überraschung. Sein Pulver war ja noch nicht verschossen.

Wenn wir gegen einen gleichwertigen Gegner spielen und unbedingt gewinnen wollen, so sind wir auch in einer Remisstellung gewillt, Risiken auf uns zu nehmen. Wir provozieren und reizen die Stellung aus. Wir müssen hier aber auch wissen, wann es zu viel des Guten ist.

Nach der Zeitkontrolle hätte Magnus wahrscheinlich die Möglichkeit gehabt, in ein Remis einzulenken. Aber er war so besessen darauf, endlich zu gewinnen, dass er übertrieb und deshalb auch verlor.

Beim Verlassen der Pressekonferenz hatte es den Anschein, als ob der „kleine 12-jährige Magnus" voller Wut über seine Niederlage die Nase heute so richtig voll hatte und keinen mehr sehen wollte. Wie heißt es so schön: „In der Niederlage siehst Du, wer wahre Größe besitzt".

9. Partie
„scharfes Spanisch"

Wird der Titelverteidiger heute scharf auf Gewinn spielen oder eher die russische Regel „nach einer Verlustpartie ein Remis" mit einer soliden Stellung aufs Brett bringen?

Wieder wird die spanische Partieanlage gewählt. Eine lange einstudierte Variante wird heruntergespult und nach dem 20. Zug hat der Herausforderer mit Weiß zwei Bauern mehr. Doch die zerstörte Bauernstruktur und die ungemütliche Stellung des weißen Königs sorgen für schwarze Kompensation.

Sergey spielt danach sehr präzise und verbessert sukzessive seine Stellung. Die Spannung steigt und erreicht ihren Höhepunkt im 39. Zug. Der Computer sieht bereits eine Gewinnchance für Weiß. Karjakin verbraucht fast seine gesamte Bedenkzeit und lässt es dann so richtig krachen mit einem Läuferopfer auf f7. Doch Magnus hat heute die Schachgöttin Caissa auf seiner Seite. Es hätte einen besseren Zug für einen möglichen Gewinn gegeben.

Er findet nach der Zeitkontrolle mit einem Bauern weniger in einem Damen, Läuferendspiel mit zwei zu drei Bauern die optimalen Verteidigungsmöglichkeiten. Nach 74 Zügen hat er sich ins Remis gerettet.

Der Titelverteidiger ist dem knock out gerade noch von der Schaufel gesprungen, und der Herausforderer imponierte mit starken Zügen.

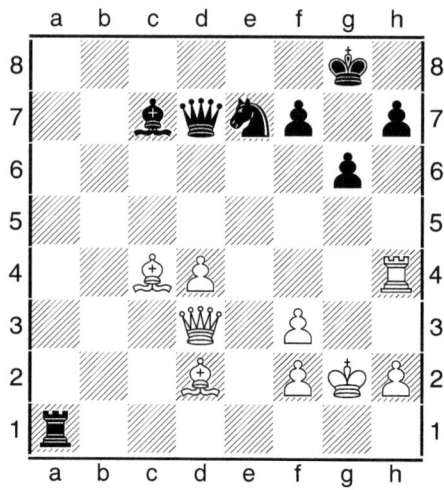

Mit welchem 39. Zug hätte Weiß seine Gewinnchancen stark erhöhen können?

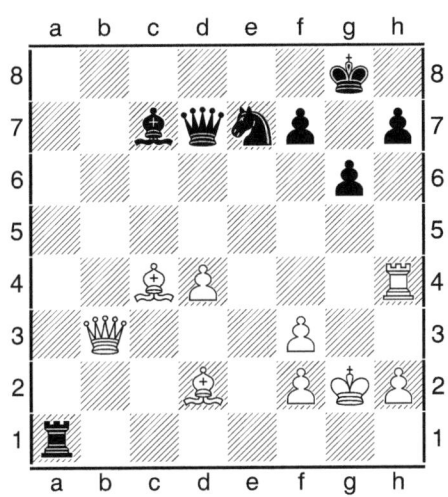

Karjakin,Sergey (2772) − Carlsen,Magnus (2853)
WM New York (9), 23.11.2016

1.e4 e5 2.Sf3 Sc6 3.Lb5 a6 4.La4 Sf6 5.0-0 b5 6.Lb3 Lc5 7.a4 Tb8 8.c3 d6 9.d4 Lb6 10.axb5 axb5 11.Sa3 0-0 12.Sxb5 Lg4 13.Lc2 exd4 14.Sbxd4 Sxd4 15.cxd4 Lxf3 16.gxf3 Sh5 17.Kh1 Df6 18.Le3 c5 19.e5 De6 20.exd6 c4 21.b3 cxb3 22.Lxb3 Dxd6 23.Ta6 Tfd8 24.Tg1 Dd7 25.Tg4 Sf6 26.Th4 Db5 27.Ta1 g6 28.Tb1 Dd7 29.Dd3 Sd5 30.Tg1 Lc7 31.Lg5 Te8 32.Dc4 Tb5 33.Dc2 Ta8 34.Lc4 Tba5 35.Ld2 Ta4 36.Dd3 Ta1 37.Txa1 Txa1+ 38.Kg2 Se7 39.Lxf7+ [39.Db3! Sf5 40.Lxf7+ Kg7 41.Th3 De7 42.Lg8 h5 43.d5]
39...Kxf7 40.Dc4+ Kg7 41.d5 Sf5 42.Lc3+ Kf8 43.Lxa1 Sxh4+ 44.Dxh4 Dxd5 45.Df6+ Df7 46.Dd4 Ke8 47.De4+ De7 48.Dd5 Ld8 49.Kf1 Df7 50.De4+ De7 51.Le5 De6 52.Kg2 Le7 53.Da8+ Kf7 54.Dh8 h5 55.Dg7+ Ke8 56.Lf4 Df7 57.Dh8+ Df8 58.Dd4 Df5 59.Dc4 Kd7 60.Ld2 De6 61.Da4+ Dc6 62.Da7+ Dc7 63.Da2 Dd6 64.Le3 De6 65.Da7+ Ke8 66.Lc5 Ld8 67.h3 Dd5 68.Le3

Le7 69.Db8+ Kf7 70.Dh8 De6 71.Lf4 Df6 72.Db8 De6 73.Db7 Kg8 74.Db5 Lf6

½-½

Psychotrick
Nachsetzen

Der Weltmeister spielte eine taktisch komplizierte Stellung, um das Momentum wieder auf seine Seite zu bringen. Fast wäre das in die Hose gegangen. Sergey war voll in seinem Element und spielte eine präzise Partie, wo nur der Entscheidungszug fehlte.

Doch er hatte die richtige Strategie. Wenn ein Spieler zu wanken beginnt, dann soll voll nachgesetzt werden bis der Gegner ausgeknockt ist. Für einen angeschlagenen Spieler ist es nämlich schwer, wieder in seinen optimalen Rhythmus zu gelangen. Das sollte mit druckvollem Spiel ausgenutzt werden.

10. Partie
„zweischneidiges Spanisch"

Thanksgiving in Amerika. Noch drei Partien hat Magnus die Chance, auszugleichen.

Wieder steht Spanisch am Programm. Der Herausforderer kann schon im 11. Zug seinen schwarzen Springer auf f4 positionieren. Hier bleibt Carlsen nichts anderes übrig als seine Königsstellung mit g3 zu schwächen.

Eine offene f Linie und eine geschwächte weiße Königsstellung sehen für Sergey ganz gut aus. Dann beginnt er jedoch, sehr lange zu grübeln. Über 45 Minuten braucht er für die Züge 15 und 16. Einige Großmeister meinen, dass ihm diese Zeit später noch fehlen wird.

Und so kommt der wahrscheinlich spielentscheidende 20. Zug. Die Kommentatoren sprechen bereits von Dauerschach mit einem Springereinschlag auf f2. Doch Sergey macht zur Verblüffung aller einen ganz anderen natürlich aussehenden Zug.

Magnus, der sich schon mit Remis abgefunden hatte, spielt nun groß auf. Im Endspiel mit je zwei Türmen, einem Springer und 6 Bauern steht er aktiver und hat zusätzlich Raumvorteil.

Doch alle wissen inzwischen, dass Sergey einer der größten Verteidigungskünstler ist. So leicht wird er also nicht zu bezwingen sein. Diesmal passiert es aber. Eine Unachtsamkeit genügt und der regierende Weltmeister bricht durch. Nach 75 Zügen muss Sergey in Verluststellung aufgeben.

Magnus ist total happy, die ganze Anspannung scheint wie weggeblasen. Sergey hingegen ist ziemlich irritiert, als ihm bei der Pressekonferenz das Remis durch Dauerschach gezeigt wird.

Doch Sergey zeigt im Vergleich zu Magnus, dass er eine gute Kinderstube hat. Freundlich beantwortet er alle Journalistenfragen. Wie es in seinem Inneren aussieht, darüber wird seine Frau, welche heute in New York angekommen ist, sicher mehr erfahren haben.

Noch zwei reguläre Turnierpartien und alles ist wieder offen. Beide Kämpfer müssen ihre letzten Kräfte mobilisieren, um den Wettkampf zu gewinnen.

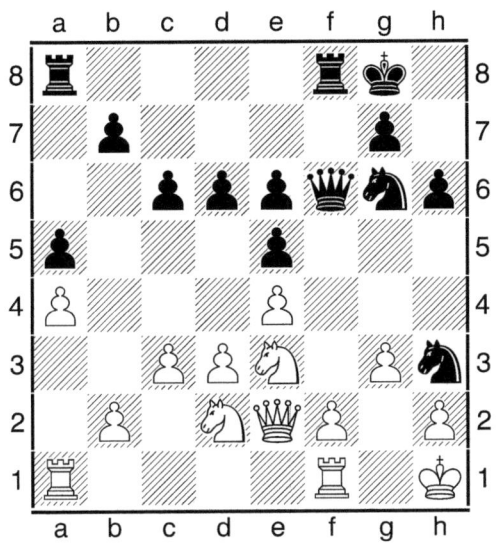

Mit welchem 20. Zug hätte Schwarz ein Remis forcieren können?

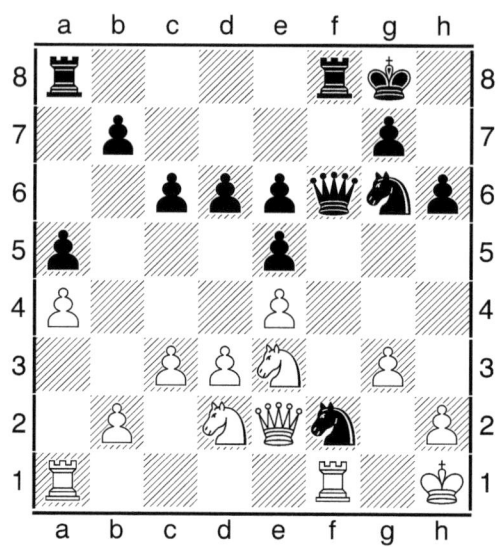

Carlsen,Magnus (2853) − Karjakin,Sergey (2772)
WM New York (10), 24.11.2016

1.e4 e5 **2.**Sf3 Sc6 **3.**Lb5 Sf6 **4.**d3 Lc5 **5.**c3 0-0 **6.**Lg5 h6 **7.**Lh4 Le7 **8.**0-0 d6 **9.**Sbd2 Sh5 **10.**Lxe7 Dxe7 **11.**Sc4 Sf4 **12.**Se3 Df6 **13.**g3 Sh3+ **14.**Kh1 Se7 **15.**Lc4 c6 **16.**Lb3 Sg6 **17.**De2 a5 **18.**a4 Le6 **19.**Lxe6 fxe6 **20.**Sd2 d5 [20...Sxf2+ 21.Kg2 Sh4+ 22.Kg1 *(22.gxh4? Dg6+ 23.Sg4 Sxg4 24.Kh1 Dh5-+)* 22...Sh3+ 23.Kh1 Sf2+ Remis durch Zugwiederholung.]
21. Dh5 Sg5 **22.**h4 Sf3 **23.**Sxf3 Dxf3+ **24.**Dxf3 Txf3 **25.**Kg2 Tf7 **26.**Tfe1 h5 **27.**Sf1 Kf8 **28.**Sd2 Ke7 **29.**Te2 Kd6 **30.**Sf3 Taf8 **31.**Sg5 Te7 **32.**Tae1 Tfe8 **33.**Sf3 Sh8 **34.**d4 exd4 **35.**Sxd4 g6 **36.**Te3 Sf7 **37.**e5+ Kd7 **38.**Tf3 Sh6 **39.**Tf6 Tg7 **40.**b4 axb4 **41.**cxb4 Sg8 **42.**Tf3 Sh6 **43.**a5 Sf5 **44.**Sb3 Kc7 **45.**Sc5 Kb8 **46.**Tb1 Ka7 **47.**Td3 Tc7 **48.**Ta3 Sd4 **49.**Td1 Sf5 **50.**Kh3 Sh6

51.f3 Tf7 52.Td4 Sf5 53.Td2 Th7 54.Tb3 Tee7 55.Tdd3 Th8 56.Tb1 Thh7 57.b5 cxb5 58.Txb5 d4 59.Tb6 Tc7 60.Sxe6 Tc3 61.Sf4 Thc7 62.Sd5 Txd3 63.Sxc7 Kb8 64.Sb5 Kc8 65.Txg6 Txf3 66.Kg2 Tb3 67.Sd6+ Sxd6 68.Txd6 Te3 69.e6 Kc7 70.Txd4 Txe6 71.Td5 Th6 72.Kf3 Kb8 73.Kf4 Ka7 74.Kg5 Th8 75.Kf6

1-0

Psychotrick
Zeiteinteilung

Eine Partie wird nicht allein durch gutes Spiel gewonnen, sondern auch durch gute Zeiteinteilung. Mit wenig Zeit auf der Uhr werden oft gewonnene Partien noch vergeigt.

Sergey überlegte ca. 45 Minuten in einer für Großmeister natürlichen Stellung für zwei Züge. Hat er deshalb die Remisvariante nicht genau durchgerechnet? Waren diese 45 Minuten spielentscheidend?

Wie können wir es besser machen? Es gibt strategische Übergänge oder auch taktische Stellungen, welcher einer genauen Berechnung unterzogen werden sollten, und wo wir auch schon viel Zeit investieren können. Hier sollte jedoch danach zügiges Spiel erfolgen.

Ein psychologischer Vorteil ist es immer, weniger Zeit als der Gegner zu verbrauchen. Kommt der Gegner in Zeitnot, dann ist es gut, die Stellung komplex zu halten. Ich kann diese bei guter Zeiteinteilung viel leichter rechnen, und so mancher Gegner greift dann in einer praktischen Partie daneben.

11. Partie
„kontrolliertes Spanisch"

Sergey hat das letzte Mal Weiß in den regulären Partien. Das Publikum ist gespannt, ob er mit druckvollem Spiel aufs Ganze gehen wird. Doch aggressiv zu spielen, ist nicht der Stil von Karjakin – eher kontrolliert angreifen. Denn eine weitere Niederlage würde ihn bereits in der letzten Partie in eine Zugzwangstellung bringen.

Es kommt wieder eine spanische Partie aufs Brett. Es scheint eine ruhige ausgeglichene Partie zu werden, doch im 19. Zug erhöht Magnus die Spannung. Die Kommentatorin Judith Polgar ist entzückt und spricht von einem weltmeisterlichen Zug. Mit einem vorübergehenden Bauernopfer scheint er die besseren Chancen zu bekommen. Doch Sergey findet die besten Verteidigungszüge.

Er kann den gefährlichen Freibauern auf der e-Linie entschärfen und im verbleibenden Damenendspiel findet er eine Remisabwicklung mit Dauerschach.

Nach 34. Zügen wird die Friedenspfeife geraucht. Doch es war ein spannendes Spiel und mit ein wenig Unkonzentriertheit hätte es auch ein voller Punkt für Magnus werden können.

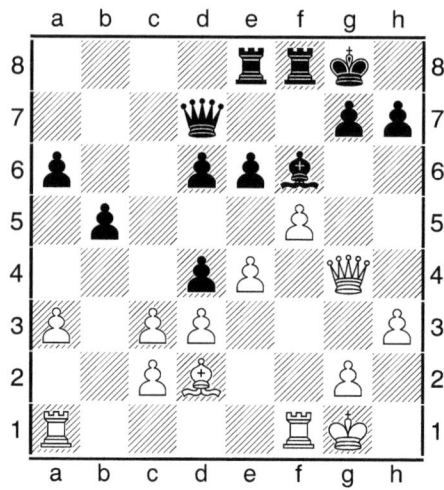

Mit welchem weltmeisterlichen 19. Zug erhöht Schwarz die Spannung?

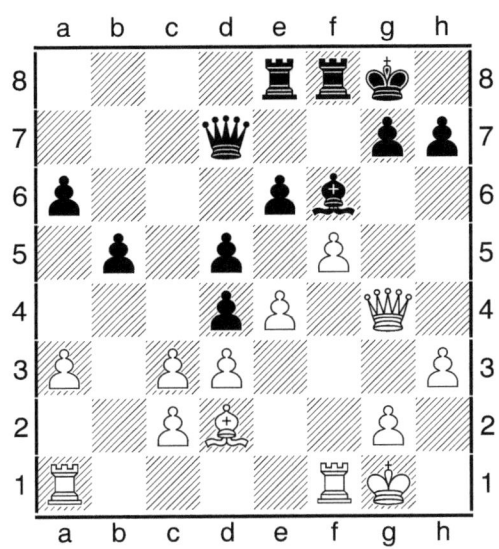

Karjakin,Sergey (2772) - Carlsen,Magnus (2853)
WM New York (11), 26.11.2016

1.e4 e5 2.Sf3 Sc6 3.Lb5 a6 4.La4 Sf6 5.0–0 Le7 6.d3 b5 7.Lb3 d6 8.a3 0–0 9.Sc3 Le6 10.Sd5 Sd4 11.Sxd4 exd4 12.Sxf6+ Lxf6 13.Lxe6 fxe6 14.f4 c5 15.Dg4 Dd7 16.f5 Tae8 17.Ld2 c4 18.h3 c3 19.bxc3 d5! (die GM Judith Polgar kam ins Schwärmen über diesen feinen Zug) **20.Lg5 Lxg5 21.Dxg5 dxe4 22.fxe6 Txf1+ 23.Txf1 Dxe6 24.cxd4 e3 25.Te1 h6 26.Dh5 e2 27.Df3 a5 28.c3 Da2 29.Dc6 Te6 30.Dc8+ Kh7 31.c4 Dd2 32.Dxe6 Dxe1+ 33.Kh2 Df2 34.De4+**
½–½

Psychotrick
Wechsel der Initiative

Mit seinem weltmeisterlichen Bauernopfer im 19. Zug übernimmt Magnus mit Schwarz die Initiative. Sergey läuft jedoch zur Höchstform auf, findet präzise Züge und gleicht die Stellung wieder aus.

Dieser sogenannte Initiativenwechsel ist eine sehr heikle psychologische Situation. Der Spieler, der plötzlich in den Verteidigungsmodus schalten muss, ist oft irritiert und beginnt ungenau zu spielen. Besonders Angriffsspieler haben damit ihre Probleme.

Aus diesem Grund ist es wichtig, sich auch intensiv mit Verteidigungstechniken zu beschäftigen. Damit haben wir die Möglichkeit, in solchen wechselnden Situationen gleich auf die passenden Verteidigungsresourcen zurück zu greifen.

12. Partie
„trockenes Spanisch"

Die Zuschauer erwarteten in der 12. Runde einen heißen Kampf und die endgültige Entscheidung darüber, wer die begehrte Schachkrone mit nach Hause nehmen konnte.

Doch es gab eine Riesenüberraschung. Magnus war nicht daran interessiert, eine lange Partie zu spielen. Er ließ sich auf eine trockene spanische Remisvariante ein. Sergey hatte nichts dagegen und nach nur 30 Minuten waren 30 Züge heruntergespult. In einer symmetrischen Stellung mit sieben Bauern und je einem schwarzfeldrigen Läufer gab es nichts mehr zu holen und der Friedensschluss war besiegelt.

Für diese Kurzpartie 75,-- US Dollar zu bezahlen, hinterließ bei vielen Zuschauern einen üblen Nachgeschmack. Besonders auch dann, als sich bei der Pressekonferenz herausstellte, dass Magnus ja gar nicht daran interessiert war, heute einen Gewinnversuch zu unternehmen.

Er wollte nur ein Remis, um dann im Schnellschach zu zeigen, wer der Boss im Ring ist. Das brachte ihm natürlich wenig Sympathien ein. Um einen möglichen Aufstand der Zuschauer zuvor zu kommen, erklärte der Veranstalter, dass alle Tickets der 12. Runde auch für das Tiebreak seine Gültigkeit behalten.

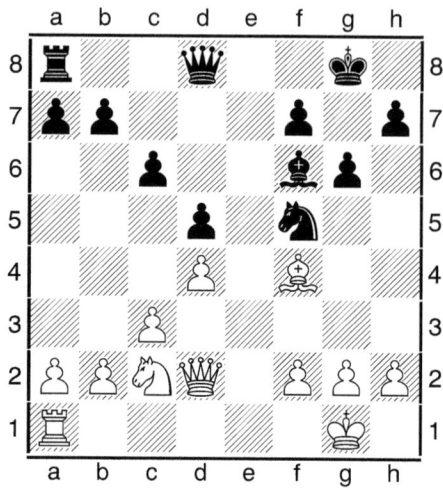

Mit welchem 19. Zug leitet Weiß eine Abtauschaktion ein?

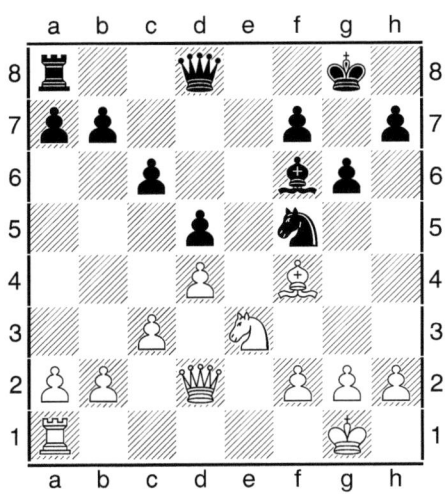

Carlsen, Magnus (2853) - Karjakin, Sergey (2772)
World-ch New York (12), 28.11.2016

1.e4 e5 2.Sf3 Sc6 3.Lb5 Sf6 4.0–0 Sxe4 5.Te1 Sd6 6.Sxe5 Le7 7.Lf1 Sxe5 8.Txe5 0–0 9.d4 Lf6 10.Te1 Te8 11.Lf4 Txe1 12.Dxe1 Se8 13.c3 d5 14.Ld3 g6 15.Sa3 c6 16.Sc2 Sg7 17.Dd2 Lf5 18.Lxf5 Sxf5 19.Se3 [Die ins Remis mündende Abtauschaktion beginnt.]
19...Sxe3 20.Dxe3 De7 21.Dxe7 Lxe7 22.Te1 Lf8 23.Kf1 f6 24.g4 Kf7 25.h3 Te8 26.Txe8 Kxe8 27.Ke2 Kd7 28.Kd3 Ke6 29.a4 a6 30.f3 Le7 ½–½

Psychotrick
Strategie

Magnus ließ sich darauf ein, bei den Zuschauern an Sympathien zu verlieren, um im Tiebreak bei den Schnellschachpartien zuzuschlagen. Er besann sich darauf, dass er hier um einiges stärker als Sergey sein sollte. Strategisch ein kluger Schachzug.

Wenn ich mich in einem Wettkampf befinde und das Reglement bei Gleichstand einen Stichkampf mit verkürzter Bedenkzeit vorschreibt, dann lasse ich mich gerne auf eine Verlängerung ein, wenn ich das Gefühl habe, der stärkere Schnellschach-Spieler zu sein.

Tiebreak
1. Partie
„solides Spanisch"

25 Minuten pro Spieler und je 10 Sekunden Bonus pro ausgeführten Zug. So lautete die Regelung für die Schnellschachpartien. Favorit war für viele der regierende Weltmeister. Doch nach dem bisherigen Matchverlauf war das nicht mehr so sicher.

So begann mit Spannung die erste Partie, wo Sergey die weißen Steine führte. Wieder kam es zu einer soliden d3 spanischen Variante und der Herausforderer ging Risiken aus dem Weg.

Auffällig war der große Zeitverbrauch von Karjakin. Er war wahrscheinlich noch im Rhythmus der normalen Turnierpartien. Magnus meisterte die Umstellung viel besser und hatte nach 30 Zügen noch die doppelte Bedenkzeit seines Gegners. Es lautete 5 Minuten zu 10 Minuten. Doch am Brett befand sich ein ausgeglichenes Endspiel mit keinen realistischen Gewinnchancen. So einigte man sich nach 37 Zügen auf ein Remis.

Beide Spieler schienen mit der „Aufwärmpartie" zufrieden und die Zuschauer freuten sich auf eine spannende Fortsetzung.

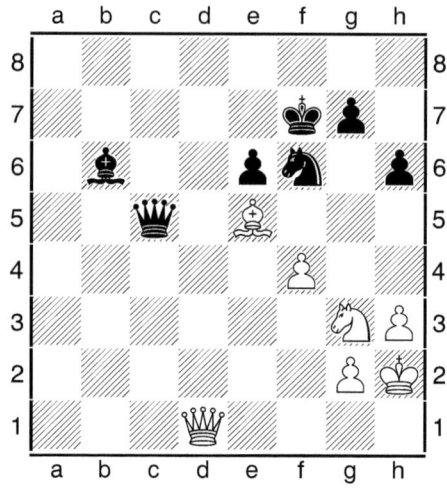

Mit welchem 36. Zug macht Schwarz ein stilles Remisangebot?

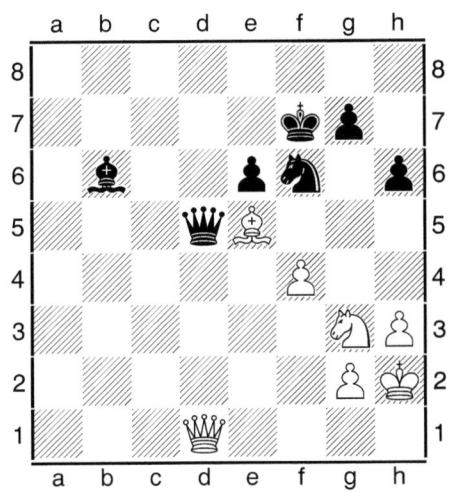

**Karjakin,Sergey (2772) - Carlsen,Magnus (2853)
WMrapid playoff New York (1), 30.11.2016**

1.e4 e5 2.Sf3 Sc6 3.Lb5 a6 4.La4 Sf6 5.0–0 Le7 6.d3 b5 7.Lb3 d6 8.a3 0–0 9.Sc3 Sb8 10.Se2 c5 11.Sg3 Sc6 12.c3 Tb8 13.h3 a5 14.a4 b4 15.Te1 Le6 16.Lc4 h6 17.Le3 Dc8 18.De2 Td8 19.Lxe6 fxe6 20.d4 bxc3 21.bxc3 cxd4 22.cxd4 exd4 23.Sxd4 Sxd4 24.Lxd4 Tb4 25.Tec1 Dd7 26.Lc3 Txa4 27.Lxa5 Txa1 28.Txa1 Ta8 29.Lc3 Txa1+ 30.Lxa1 Dc6 31.Kh2 Kf7 32.Lb2 Dc5 33.f4 Ld8 34.e5 dxe5 35.Lxe5 Lb6 36.Dd1 Dd5 [Nach Damentausch ist die Stellung total ausgeglichen und ein friedliches Ende in Sicht.]
37.Dxd5 Sxd5
½–½

Psychotrick
Zeitkontrolle

Magnus war bereits in der ersten Partie in seinem Element und trommelte seine Züge herunter. Die Großmeister waren aber über den großen Zeitverbrauch von Sergey sehr überrascht und sahen diesbezüglich schon dunkle Wolken für den Herausforderer heraufziehen.

In einer Schnellschachpartie ist es ein wichtiger psychologischer Aspekt, mehr Zeit auf der Uhr zu haben als sein Gegner. Sollte die „Zeitschere" zu weit auseinandergehen, wird für den großen Zeitverbraucher der psychische Druck immer höher. In komplexen Stellungen ist es dann kein Wunder, dass auch Spitzenspieler grobe Fehler begehen.

Tiebreak
2.Partie
„solides Italienisch"

In einer soliden italienischen Partie bekommt Magnus eine leichte Initiative. Im 18. Zug wird es den Zuschauern dann flau im Magen, als Sergey plötzlich 14 Minuten über seinen Zug brütet. Magnus opfert einen Bauern für aktives Spiel und beim 23. Zug lautet die Restlaufzeit von Sergey 4 Minuten.

Mit wenig Zeit trifft er die Entscheidung in ein Endspiel mit Turm und einen Mehrbauern gegen zwei Läufer einzugehen.

Nach dem Damentausch im 37. Zug bleiben ein Turm und drei Bauern am Königsflügel gegen zwei Läufer und drei Bauern am Königsflügel übrig.

Vielleicht eine Remisstellung, doch sehr schwer zu halten und das gegen Magnus, dem Großen. Magnus drückt mit viel mehr Zeit auf den vollen Punkt und es geschieht das Unglaubliche. Mit nur Sekunden auf der Uhr findet der Verteidigungskünstler aus Russland eine wundervolle Pattrettung, indem er alle seine Figuren opfert.

Carlsen steht die Enttäuschung im Gesicht. Wieder einmal ist es Sergey gelungen eine anscheinend schon verlorene Partie zu halten. Psychologisch steht es klar 1:0 für Karjakin. Wird Magnus jetzt zusammenbrechen und wird Sergey jetzt seinen psychologischen Vorteil mit den weißen Steinen zu einem vollen Punkt verwerten können?

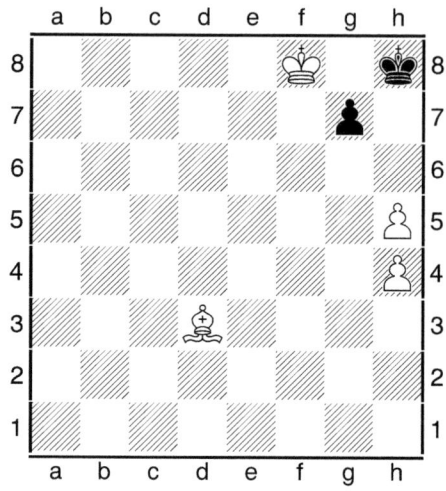

Mit welchem 83. Zug rettet sich Schwarz ins Patt?

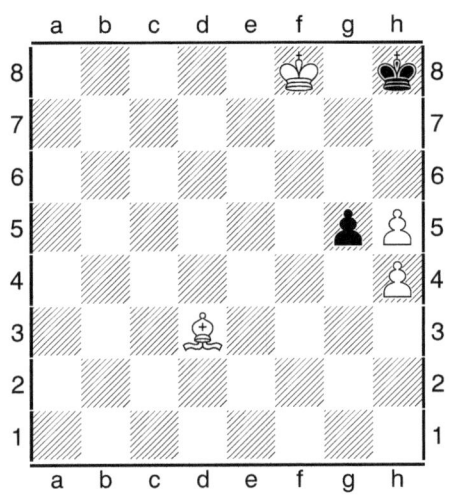

**Carlsen,Magnus (2853) - Karjakin,Sergey (2772)
WM rapid playoff New York (2), 30.11.2016**

1.e4 e5 2.Sf3 Sc6 3.Lc4 Lc5 4.0–0 Sf6 5.d3 0–0 6.a4 a6 7.c3 d6 8.Te1 La7 9.h3 Se7 10.d4 Sg6 11.Sbd2 c6 12.Lf1 a5 13.dxe5 dxe5 14.Dc2 Le6 15.Sc4 Dc7 16.b4 axb4 17.cxb4 b5 18.Se3 bxa4 19.Txa4 Lxe3 20.Lxe3 Txa4 21.Dxa4 Sxe4 22.Tc1 Ld5 23.b5 cxb5 24.Dxe4 Dxc1 25.Dxd5 Dc7 26.Dxb5 Tb8 27.Dd5 Td8 28.Db3 Tb8 29.Da2 h6 30.Dd5 De7 31.De4 Df6 32.g3 Tc8 33.Ld3 Dc6 34.Df5 Te8 35.Le4 De6 36.Dh5 Se7 37.Dxe5 Dxe5 38.Sxe5 Sg6 39.Lxg6 Txe5 40.Ld3 f6 41.Kg2 Kh8 42.Kf3 Td5 43.Lg6 Ta5 44.Ke4 Tb5 45.h4 Te5+ 46.Kd4 Ta5 47.Kc4 Te5 48.Ld4 Ta5 49.Lc5 Kg8 50.Kd5 Tb5 51.Kd6 Ta5 52.Le3 Te5 53.Lf4 Ta5 54.Ld3 Ta7 55.Ke6 Tb7 56.Kf5 Td7 57.Lc2 Tb7 58.Kg6 Tb2 59.Lf5 Txf2 60.Le6+ Kh8 61.Ld6 Te2 62.Lg4 Te8 63.Lf5 Kg8 64.Lc2 Te3 65.Lb1 Kh8 66.Kf7 Tb3 67.Le4 Te3 68.Lf5 Tc3 69.g4 Tc6 70.Lf8 Tc7+ 71.Kg6 Kg8 72.Lb4 Tb7 73.Ld6 Kh8 74.Lf8 Kg8 75.La3 Kh8 76.Le6 Tb6 77.Kf7 Tb7+ 78.Le7 h5 79.gxh5 f5 80.Lxf5 Txe7+ 81.Kxe7 Kg8 82.Ld3 Kh8 83.Kf8 g5! 84.hxg6 ½–½

Psychotrick
Umgang mit Fehlern

In einer fantastischen Partie gelingt es Magnus nicht den vollen Punkt einzufahren. Mehrere kleine Fehler führen zu einem sensationellen Ende mit einer phantastischen Verteidigungsleistung von Sergey.

Psychologisch gesehen können Fehler einen voll aus der Bahn werfen. Man kann nicht mehr seine optimale Leistung abrufen. Immer wieder kreisen unsere Gedanken um diese Fehltritte.

Da sich Gedanken verstärken, wenn lange unsere Aufmerksamkeit darauf ist, werden wir daraufhin auch automatisch Fehler anfälliger. Um hier aus dem Gedankenkarussell herauszukommen, tut es gut, sich auf die Atmung zu konzentrieren und vollkommen ins hier und jetzt zu gelangen. Tiefes Ein- und Ausatmen kann schnell neue Harmonie schaffen. Das ganze kombiniert mit einem kleinen Spaziergang kann wahre Wunder bewirken.

Danach können wir wieder unser volles Potential abrufen.

Tiebreak
3. Partie
„spanische Initiative"

Viele Zuseher fragten sich, ob Magnus nach dem vergebenen Sieg in der 2. Partie psychisch auf der Höhe sein wird. Der regierende Champion überraschte alle. Er spielte eine weltmeisterliche Partie. In einer erneuten spanischen Partie übernahm Magnus mit dem wundervollen 22. Zug als Schwarzer das Kommando.

Im 30. Zug opferte er dann noch einen Bauern, um in die weiße Stellung einzudringen und den König zu jagen. Der Druck wurde so groß, dass Sergey mit nur mehr Sekunden auf der Uhr dann noch im 38. Zug daneben griff und aufgeben musste.

Carlsen ging damit erstmalig in diesem Wettkampf in Führung. Anstatt psychisch angeknackst zu sein, spielte er groß auf, als wenn es überhaupt keine zweite Partie gegeben hätte. Karjakin, der vor der Partie noch lächeln konnte, verbrauchte durch die starken Züge von Magnus wieder sehr viel Zeit und griff dann auch prompt daneben. Doch auch mit mehr Zeit hätte er in dieser Partie keine Rettungsaussichten mehr gehabt.

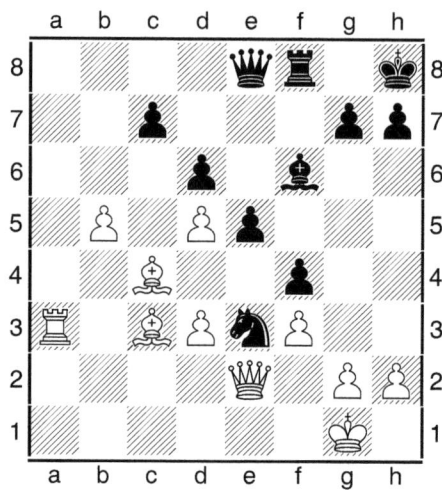

Mit welchem 30. Zug wird Schwarz initiativ und dringt in die weiße Stellung ein?

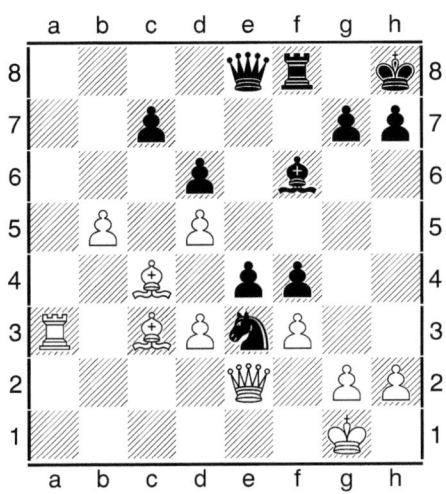

Karjakin,Sergey (2772) - Carlsen,Magnus (2853)
WMrapid playoff New York (3), 30.11.2016

1.e4 e5 2.Sf3 Sc6 3.Lb5 a6 4.La4 Sf6 5.0–0 Le7 6.d3 b5 7.Lb3 d6 8.a3 0–0 9.Sc3 Sa5 10.La2 Le6 11.b4 Sc6 12.Sd5 Sd4 13.Sg5 Lxd5 14.exd5 Sd7 15.Se4 f5 16.Sd2 f4 17.c3 Sf5 18.Se4 De8 19.Lb3 Dg6 20.f3 Lh4 21.a4 Sf6 22.De2 a5 23.axb5 axb4 24.Ld2 bxc3 25.Lxc3 Se3 26.Tfc1 Txa1 27.Txa1 De8 28.Lc4 Kh8 29.Sxf6 Lxf6 30.Ta3 e4! [Bauernopfer, um in die weiße Stellung einzudringen.]
31.dxe4 Lxc3 32.Txc3 De5 33.Tc1 Ta8 34.h3 h6 35.Kh2 Dd4 36.De1 Db2 37.Lf1 Ta2 38.Txc7 Ta1
0–1

Psychotrick
Coolness

Vor der 3. Partie sahen die Kommentatoren die Chancen von Sergey immens steigen. Hatte doch Magnus wieder einmal einen sicheren Punkt vergeben. Alle wurden jedoch eines besseren belehrt.

Magnus spielte mit einer Coolness sondergleichen und packte einige weltmeisterliche Züge aus. Das ist ein großes Zeichen für Champions. In einer Partie, bei der psychisch alles gegen einen spricht, locker und cool sein bestes Schach zu spielen.

Diese Lockerheit entsteht durch das Loslassen der vergangenen Partie und volle Aufmerksamkeit auf das gegenwärtige Spiel. Am schnellsten erreicht wird das durch bewusstes Atmen. Das Zählen der Atemzüge von 1 bis 10 und von 10 bis 1. Solange bis ich nur mehr an meine Atmung denke.

Tiebreak
4. Partie
„Sizilanisch"

Wie geht es einem Spieler, der das ganze Turnier defensiv in seinen Partien eingestellt ist, und dann plötzlich gewinnen muss? Er fühlt sich natürlich gar nicht wohl in seiner Haut.

Und so erging es Karjakin. Er musste diese 4. Partie gewinnen, um in eine weitere Blitzverlängerung zu gelangen. Deshalb wählte er auch die sizilianische Variante, welche sehr abwechslungsreiches Spiel verspricht.

Sergey bemüht sich, doch Magnus kontrolliert als Weißer das Geschehen. Karjakin versucht, seine Figuren am Brett zu halten, um höhere Gewinnchancen zu erzielen. Nachdem ihm dann seine Bedenkzeit wieder einmal davon läuft, überrascht ihn Carlsen mit einer plötzlichen Operation am Königsflügel. Ja, er wollte ein würdiges Ende und spielte eindeutig auf Sieg.

Magnus spielte voll auf Königsangriff und mit einem „Wunderzug" beendete er die Partie im 50. Zug. Ein tolles Ende und ein klarer Sieger im Tiebreak.

Magnus jubelte und Sergey konnte bei der Pressekonferenz schon wieder etwas lächeln. Er war ein würdiger Gegner und hat Magnus an den Rand einer Niederlage gebracht. Doch am Ende hat der Weltmeister gezeigt, warum ihm zu Recht die Krone des Schachs gehört.

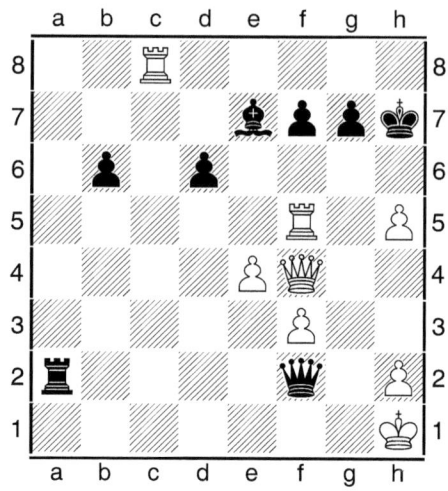

Mit welchem 50. Zug forciert Weiß ein Matt in zwei Zügen?

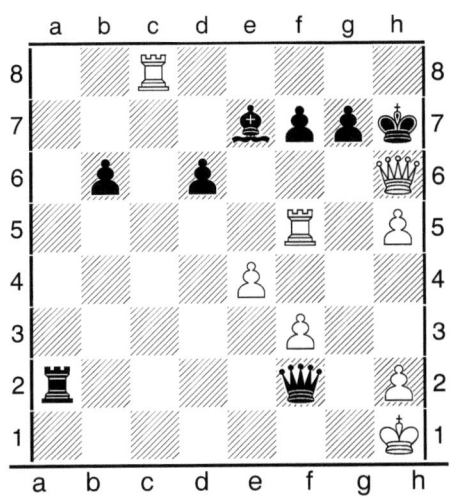

Carlsen, Magnus (2853) - Karjakin, Sergey (2772)
WM rapid playoff New York (4), 30.11.2016

1.e4 c5 2.Sf3 d6 3.d4 cxd4 4.Sxd4 Sf6 5.f3 e5 6.Sb3 Le7 7.c4 a5 8.Le3 a4 9.Sc1 0–0 10.Sc3 Da5 11.Dd2 Sa6 12.Le2 Sc5 13.0–0 Ld7 14.Tb1 Tfc8 15.b4 axb3 16.axb3 Dd8 17.Sd3 Se6 18.Sb4 Lc6 19.Tfd1 h5 20.Lf1 h4 21.Df2 Sd7 22.g3 Ta3 23.Lh3 Tca8 24.Sc2 T3a6 25.Sb4 Ta5 26.Sc2 b6 27.Td2 Dc7 28.Tbd1 Lf8 29.gxh4 Sf4 30.Lxf4 exf4 31.Lxd7 Dxd7 32.Sb4 Ta3 33.Sxc6 Dxc6 34.Sb5 Txb3 35.Sd4 Dxc4 36.Sxb3 Dxb3 37.De2 Le7 38.Kg2 De6 39.h5 Ta3 40.Td3 Ta2 41.T3d2 Ta3 42.Td3 Ta7 43.Td5 Tc7 44.Dd2 Df6 45.Tf5 Dh4 46.Tc1 Ta7 47.Dxf4 Ta2+ 48.Kh1 Df2 49.Tc8+ Kh7 50.Dh6+!!
1–0

Psychotrick
Wechselspiel

Für einen Verteidigungskünstler ist es schwer auf Knopfdruck umzuschalten und zu einem Angriffsspieler zu werden. Das ist im Fußball so und auch beim Schachspiel.

Aus diesem Grund ist es gut, die Kunst der Verteidigung und die Kunst des Angriffes gleichermaßen zu trainieren. Dann ist es auch gewährleistet, dass ich schnell umschalten kann, wenn es darauf ankommt. Auch in den Partien bin ich viel flexibler und werde dadurch bessere Ergebnisse erziele.

Nachwort

Magnus Carlsen hat erfolgreich seinen Titel verteidigt. Doch es war für ihn viel schwerer als er gedacht hatte. Der „Verteidigungsminister" aus Russland zeigte sensationelle Technik in den Stellungen, wo Magnus zum KO Schlag ausholte.

Schlussendlich hatte sich Magnus im Tiebreak das schönste Geburtstagsgeschenk gemacht, und er durfte doppelt feiern. Bemerkenswert war danach die Antwort vom Weltmeister auf die psychologische Frage, ob er in Zukunft auch auf einen Mentaltrainer bzw. psychologischen Berater zugreifen werde. Er meinte, dass dies sicher ein wichtiges Thema sei. Vor der WM war davon nämlich noch nichts zu hören.

Magnus war davon überzeugt, das Tiebreak zu gewinnen und deshalb war er auch gut gelaunt. Wäre die Blitzweltmeisterschaft 2016 vor diesem Turnier gespielt worden, so hätte er es sich aber wahrscheinlich gut überlegt, ob er die 12. Partie nicht voll auf Sieg spielen solle. Blitzweltmeister wurde nämlich Sergey Karjakin, welcher die gleiche Punktezahl wie Magnus erreichte. Doch mit einem Sieg gegen Magnus und der besseren Wertungszahl holte er sich doch noch seinen gewünschten WM-Titel.

Erinnern wir uns noch an die Situation, bei der Magnus nach seiner Niederlage in der 8. Runde mit einer abfälligen Handbewegung die Pressekonferenz verließ. Da er nicht Blitzweltmeister wurde reagierte er mit der gleichen Handlung bei dieser Siegerehrung nur wenige Wochen später. Es zeigte sich also, dass Magnus noch keinen psychologischen Berater hinzugezogen hat. Ansonsten hätte sich seine Kinderstube sicher schon gebessert.

Sicher verbessern wird sich aber Ihr Spiel, wenn Sie diese „Psychotricks" konsequent beherzigen – denn darum wurde dieses Buch geschrieben.

So wünsche ich Ihnen viel Erfolg bei den nächsten Turnierpartien und verbleibe.

Mit schachlichen Grüßen

Gerhard Kubik

www.gerhard-kubik.at

Der Autor

Gerhard Kubik, geb. am 19.11.1962

Schachlaufbahn:

- ab dem 15. Lebensjahr erstes professionelles Schachtraining unter dem Top-Trainer Charly Hörzer
- 1981 – 2.Platz bei den steirischen Jugendmeisterschaften. Mitglied des steirischen Jugendkaders
- seit 1982 Liga-Süd und Landesligaspieler in der Steiermark/Österreich
- Teilnehmer an mehreren offenen internationalen Turnieren
- 2013 – Open St. Martin i.S., Österreich – 2. Platz
- 2016 – SchachWM der Amateure, bis 2.000 Elo, Insel Kos, 15. Platz

Trainerlaufbahn:

- 2011 österreichische C-Trainer Ausbildung
- 2012 Fide-Instructor Ausbildung in Marburg/Slowenien
- 2015/2016 österreichische B-Trainer Ausbildung
- seit 2011 Kinder- und Jugendtrainer vom Schachverein Leibnitz

Autor des Buches „Schach 2012" – Vorteile des spirituellen Schachs im Turnierschach

Quellen der Inspiration:

Videos:
- www.worldchess.com
Livevideos während der SchachWM 2016
- Youtube – Analysen des GM Markus Ragger

Zeitschriften:
- www.zeitschriftschach.de
Schach – Deutsche Schachzeitung
- www.schach-magazin.de
Schach Magazin 64
- www.standard.at
österreichische Tageszeitung mit täglichen Analysen

Technik:
- www.chessbase.de
Partien und Diagramme
von ChessBase 13